성가집을 내면서

하나님을 찬양할 수 있는 성가대에 설 수 있도록 허락해 주신 주님께 감사와 영광을 돌립니다. 우리가 하나님을 찬양할 수 있다는 것이 얼마나 귀한 일인지 말로 다 형용할 수가 없습니다. 그 동안에는 서양의 작곡가들이 작곡한 곡으로 찬양을 드렸지만 이제는 우리도 우리 작곡가들이 작곡한 곡으로 찬양을 드릴 때가 되었다고 생각합니다.

지난날의 찬송은 우리의 선율로 된 것과 우리의 리듬으로 된 것만을 우리의 것으로 생각하였는데, 이제는 우리나라의 작곡가들이 만든 곡이면 모두가 우리의 것이라고 생각되어 집니다.

다만 그 음악이 우리의 마음에 진심으로 와 닿고 은혜와 감동을 주는 곡이어야 되겠습니다.

찬송도 성령이 임하지 않고는 좋은 작품이 될 수 없고 우리의 마음을 감동시킬 수 없기에 감동을 받을 수 있는 작품은 하나님의 은혜로 주어진 선물입니다.

여기에 펴낸 성가들은 중견 작곡가는 물론, 젊은 대학생의 작품까지도 감동적인 성가라고 인정되면 채택하였습니다. 비록 이 성가집은 사람들에 의해 작곡되었지만 이제부터는 하나님의 은혜로 하나님이 선정하여 우리에게 선물로 주실 것입니다.

하나님이 선택하실 곡이 많이 생겼으면 하는 마음이 간절하고, 그 곡들로 인하여 한국의 수많은 교회에서 크신 은혜를 받는 일들이 많이 나타나기를 바랍니다.

주여! 우리의 찬양곡들을 성령으로 덧입혀 주시옵소서!

2010년 7월 24일
윤 학 원

이 책에 실린 곡들은 저작권자와의 독점계약으로
코러스센터에서 저작권을 갖고 있습니다.
저작권법에 의해 보호받는 저작물이므로
무단으로 전재, 복사, 편곡, 개작 및 녹음하는 것을 금합니다.

이 책에 있는 곡들은 오케스트라곡으로 편곡되어 있습니다.
오케스트라 악보를 원하시거나,
이 책에 있는 곡으로 CD를 만들고자
하시는 분은 연락하시면 저렴한 가격으로
보내 드리겠습니다.

이 책에 실린 15곡은 윤학원챔버싱어즈에 의해 녹음되어
전곡이 1개의 CD로 만들어져 있습니다.
구입을 원하시는 분은 아래 번호로 연락 주십시오.
Tel : (02)3665-0061 · Fax : (02)3665-0062
http://www.choruscenter.co.kr
E-mail : choruscenter@nate.com

예수 나의 소망(1)
Jesus is My Hope

차 례

1. 주 예수 내가 알기 전에	Jesus Loved Me ere I Knew Him	전지나	7
2. 주 날개 아래	Under His Wings	김선화	17
3. 오직 한 분	Jesus, The One and Only	오병희	25
4. 참 아름다워라	This is My Father's World	성찬경	32
5. 사랑하는 자들아	Dear Friends	박문희	41
6. Give Thanks		이현철	47
7. 물 위에 생명줄 던지어라	Threw out of the Life-Line Across the Dark Wave	김아름	57
8. 예수 주 예수	Jesus, Christ Jesus	박수경	63
9. 이 눈에 아무 증거 아니뵈어도	We Live by Faith Not by Sight	최가희	72
10. 칸타테 도미노	Cantate Domino	장정아	79
11. 사랑해	We should Love one Another	안효영	90

12. 오 신실하신 주	Great is Thy Faithfulness	조라마	101
13. 예수 주의 이름높여	All Hail the Power of Jesus name	김선화	109
14. 그 크신 하나님의 사랑	The Love of God is Greater Far	윤초롱	120
15. 성령이여 강림하사	Hover O'er Me Holy Spirit	박지훈B	131
16. 입례송(임하소서)		민세나	137
17. 입례송(주를 송축할지라)		엄세현	138
18. 기도송(우리 기도 들으시사)		조윤희	140
19. 기도송(사랑의 주여)		박문희	141
20. 축도송(가라)		박문희	143
21. 축도송(항상 기뻐하고 기뻐하라)		류연희	145
작곡가 프로필 및 곡해설			146

주 예수 내가 알기 전에
Jesus Loved Me ere I Knew Him

전지나 작곡

주 날개 아래
Under His Wings

김선화 작곡

All women, solo, or unison voices

주 날개 밑 내가

오직 한 분
Jesus, The One and Only

오병희 작곡

참 아름다워라
This is My Father's World

성찬경 작곡

참 아름다 - 워

사랑하는 자들아
Dear Friends

박문희 작곡

Give Thanks

이현철 편곡

물 위에 생명줄 던지어라
Threw out of the Life-Line Across the Dark Wave

김아름 작곡

예수 주 예수
Jesus, Christ Jesus

박수경 작곡

이 눈에 아무 증거 아니뵈어도
We Live by Faith Not by Sight

최 가 희 편곡

칸타테 도미노
Cantate Domino

장정아 작곡

사랑해
We should Love one Another

안효영 작곡

*****God**이나 **Jesus**가 아닌
나와 부대끼며 사는 타인을 의미합니다.

오 신실하신주
Great is Thy Faithfulness

조 라 미 작곡

예수 주의 이름높여
All Hail the Power of Jesus name

김 선 화 작곡

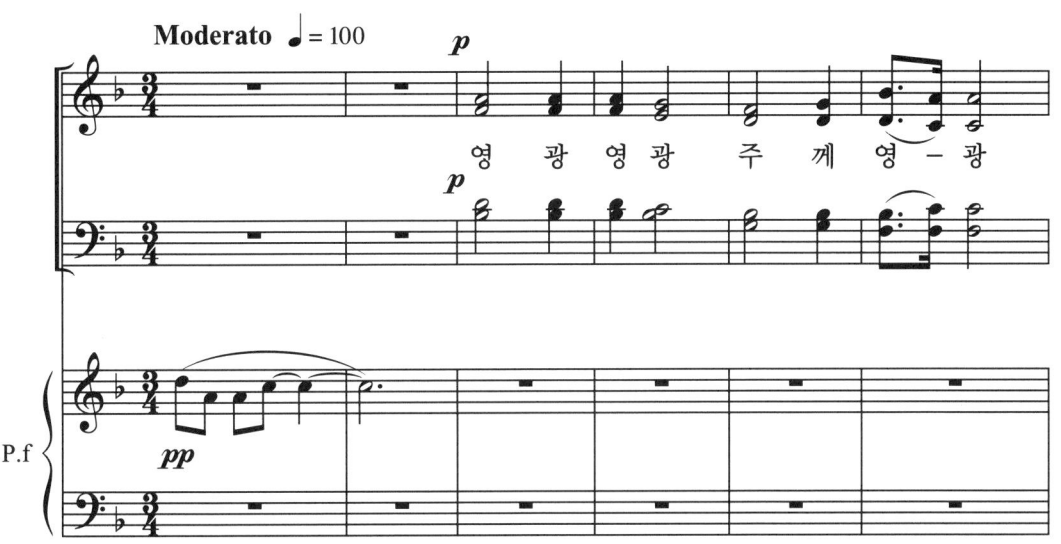

그 크신 하나님의 사랑
The Love of God is Greater Far

윤초롱 편곡

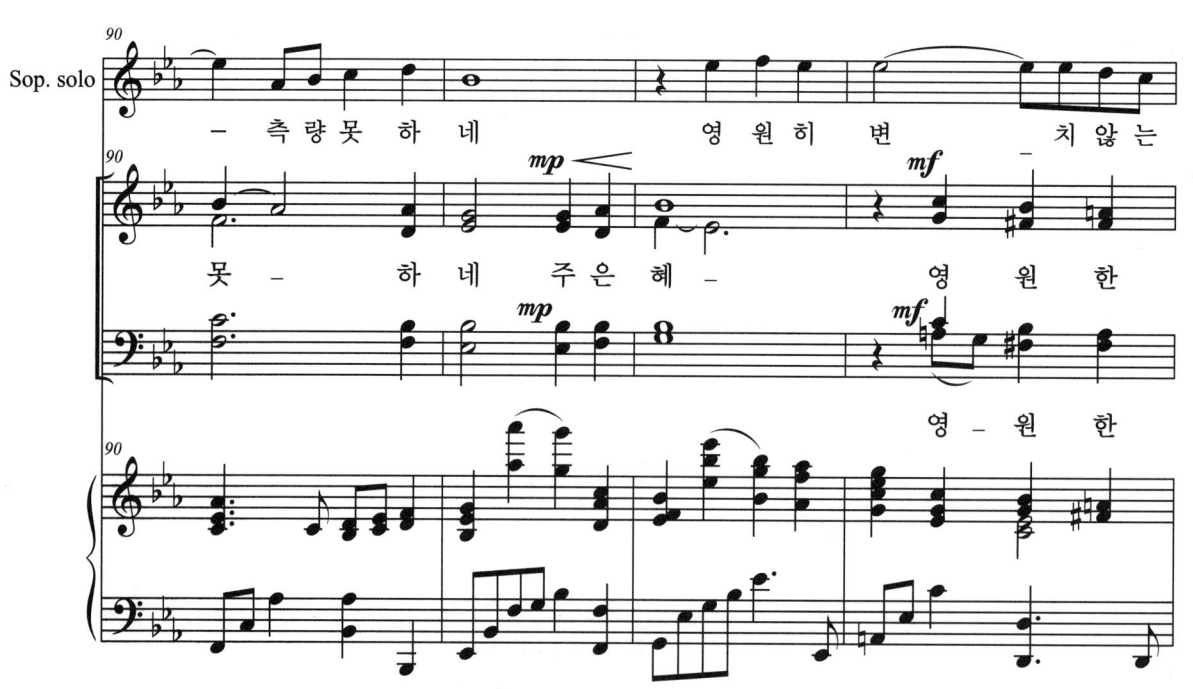

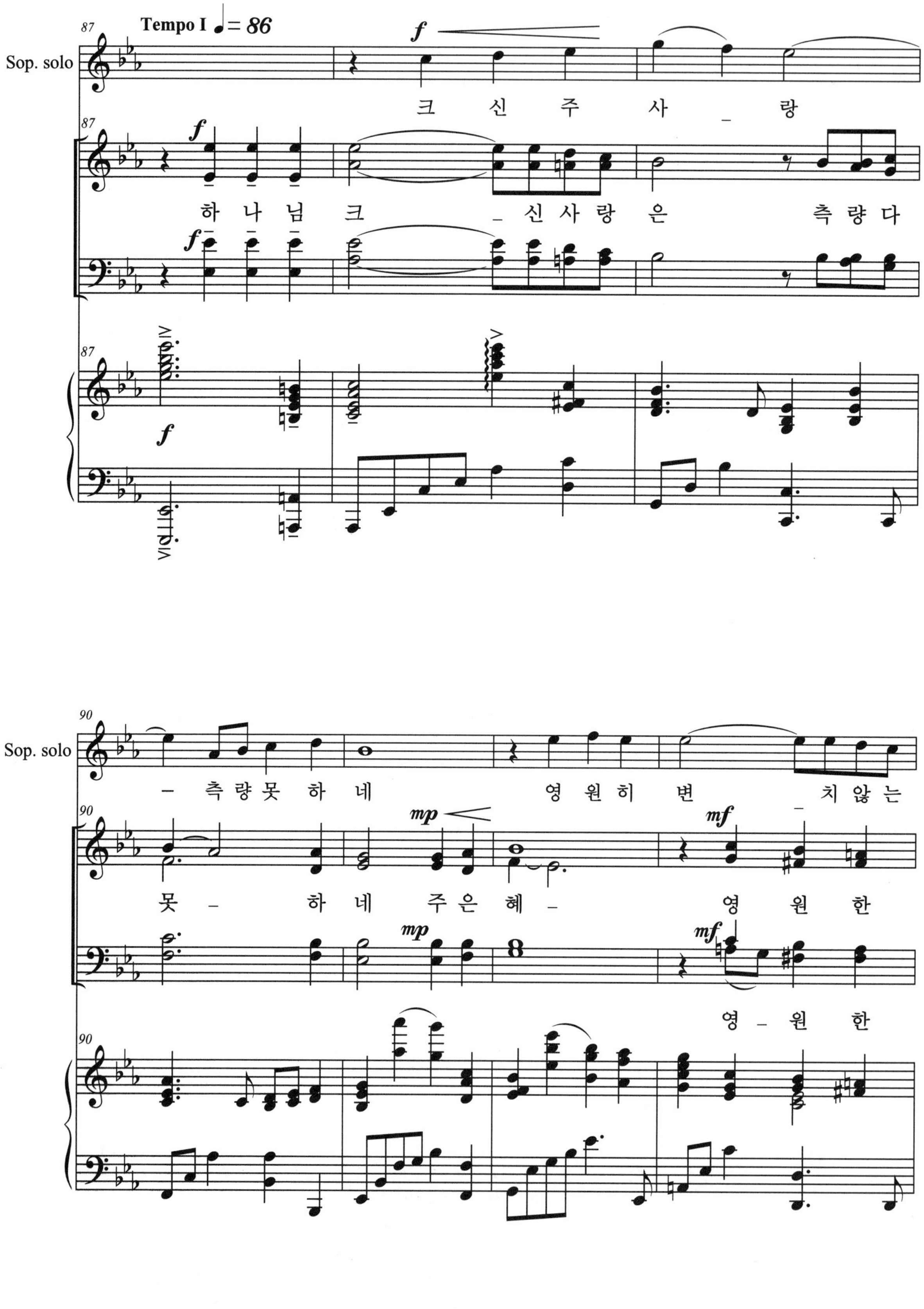
Tempo I ♩ = 86
Sop. solo
크 신 주 사 _ 랑
하 나 님 크 _ 신 사 랑 은 측 량 다
– 측 량 못 하 네 영 원 히 변 _ 치 않 는
못 – 하 네 주 은 혜 – 영 원 한
영 – 원 한

94
Sop. solo
사 랑 ― 십 자 가 사 랑
주 예 수 십 _자 가 의 사 랑 그 크 신
주 예 수 십 _자 가 의 사 랑

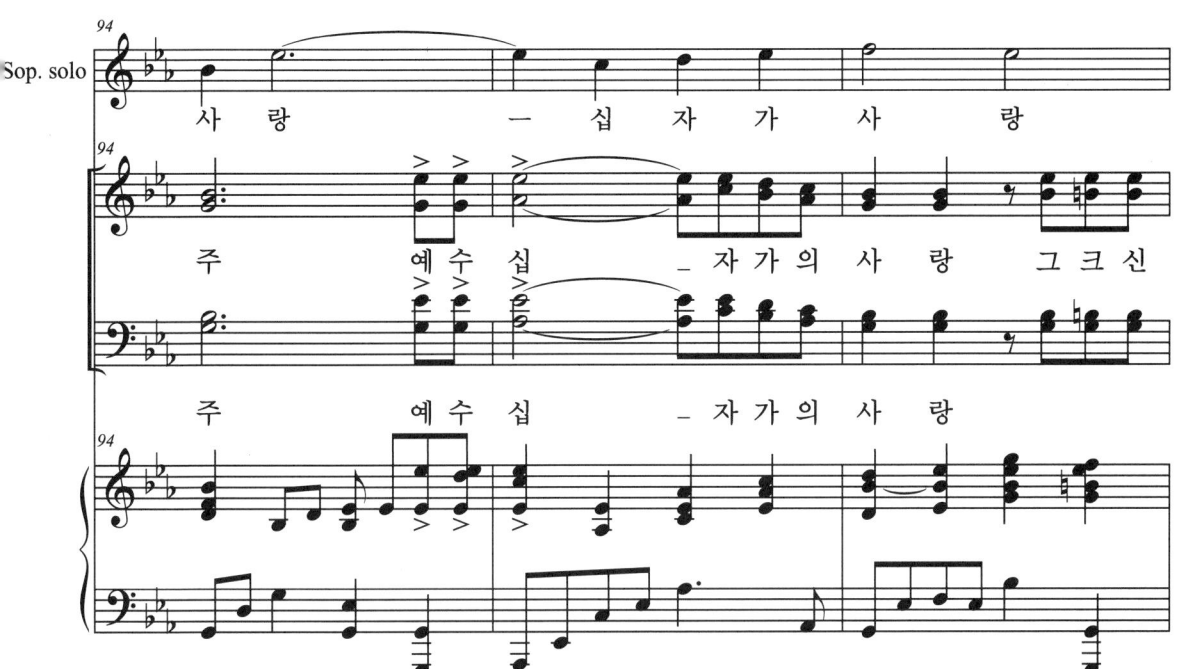

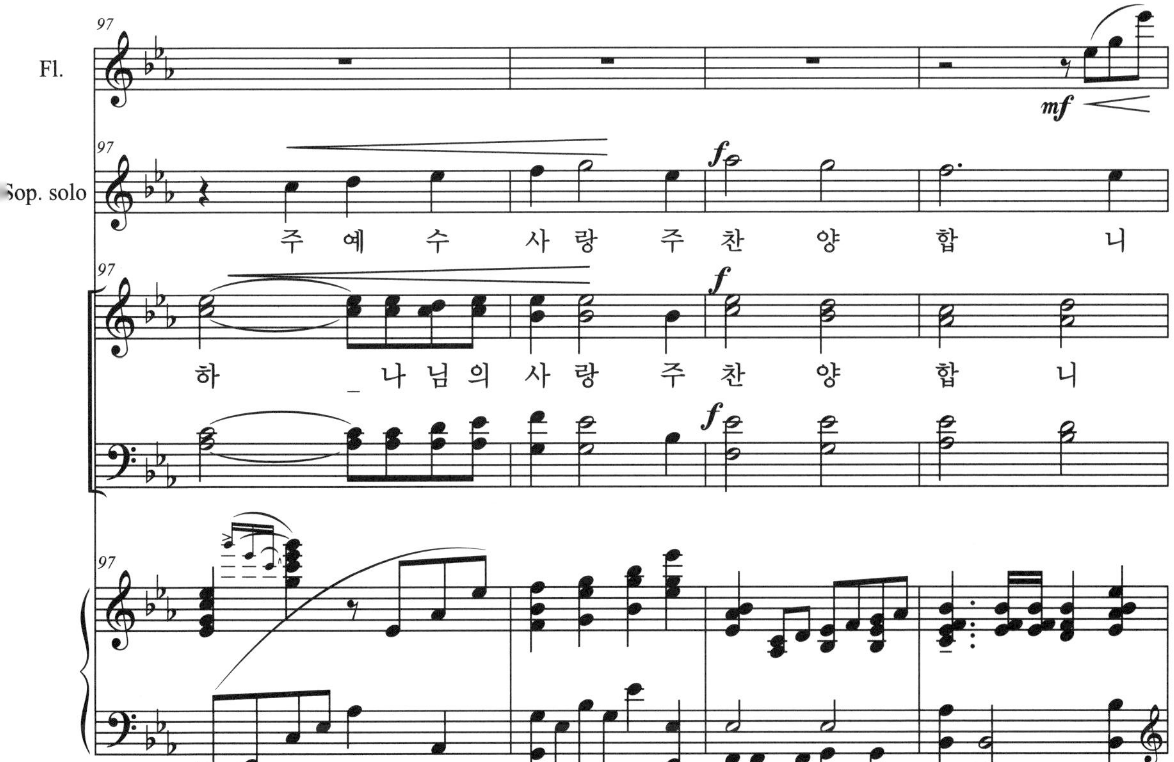
97
Fl.
mf
Sop. solo
f
주 예 수 사 랑 주 찬 양 합 니
하 _나 님 의 사 랑 주 찬 양 합 니

성령이여 강림하사
Hover O'er Me Holy Spirit

박지훈B 작곡

입례송
(임하소서)

민세나 작곡

입 례 송
(주를 송축할지라)

엄세현 작곡

기 도 송
(우리 기도 들으시사)

조윤희 작곡

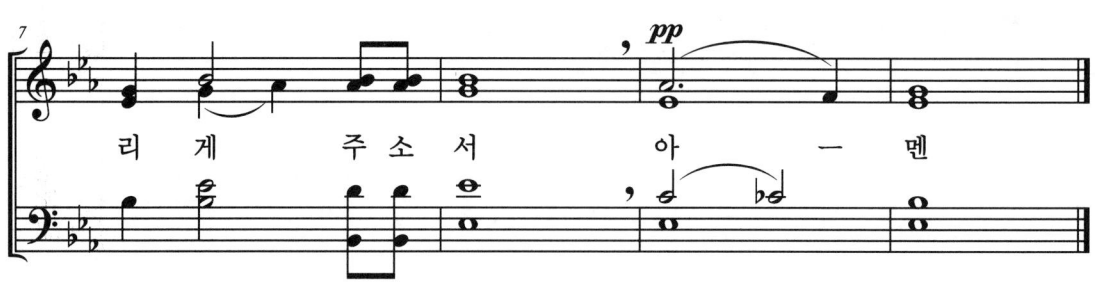

기 도 송
(사랑의 주여)

박문희 작곡

축도송
(가라)

박문희 작곡

축 도 송
(항상 기뻐하고 기뻐하라)

류연희 작곡

작곡가 프로필 및 곡 해설

전 지 나
서울신학대학교 교회음악과(작곡전공) 졸업
서울신학대학교 제 36회 작곡발표회 대상
여성과 어린이를 위한 합창곡집 14집 출품
현) 극동방송 윤학원 코랄 단원
　　성가작곡클래스 1기

주 예수 내가 알기 전에
이 곡은 찬송가 98장 '주 예수 내가 알기 전'의 가사로 작곡된 곡이다.
내가 주님을 알기 전부터 주님이 나를 먼저 사랑하셨다는 내용으로 날 먼저 선택해주신 주님께 대한 감사함으로 찬양을 해야 할 것이다.
시작과 끝부분을 크지 않게 불러야 더욱 은혜로운 곡이 될 것이다.

김 선 화
서울신학대학교 제 38회 작곡발표회 대상
서울신학대학교 교회음악과 작곡과 4학년 재학중

주 날개 아래
우리를 주님의 피난처 안에 거하게 하심을 감사하는 찬양입니다. 곡이 느려지지 않도록 프레이즈를 생각하며 연주하는 것이 좋습니다.

예수 주의 이름 높여
우리의 찬양을 받으시는 주의 이름을 높여 찬양합니다. 선율의 리듬과 강약을 잘 살리면 밝고 신나는 분위기의 연주가 될 것입니다.

오 병 희
한양대학교 작곡과 및 동대학원 졸업
01년 한양대학교 윈드오케스트라 공모 작품연주
02년 창악회 작곡 콩클 우수상
02년 서울음악제 입상
05년 브라스 뮤지컬 '브라스맨 크리스마스를 훔치다' 편곡, 음악 감독
09년 미국 ACDA Convention 작품연주
<작품> Horn Mass, Magnificat 외 합창곡 다수
현) 한국합창지휘자 아카데미 '성가작곡 클래스' 지도
　　'극동방송 윤학원 코랄' 전임 작곡가
　　인천시립합창단 위촉 작곡가
　　퍼포먼스 브라스 앙상블 '퍼니밴드' 전임 편곡자

오직 한 분
오래전 조두헌씨의 '오직한 분'이란 글을 보고 그 내용에 크게 공감하며 곡을 만들었었다. 나의 마음이 지치고 힘들 때 오직 주께서 참 평안과 위로를 주시며, 나는 오직 한분이신 주님을 위해 노래하고 기도한다는 내용이다. 44마디부터는 스윙 리듬을 잘 살려야 하며 전체적으로 너무 처지지 않게 가볍고 경쾌하게 불러야한다.

성 찬 경
서울대학교 음악대학 작곡과 이론전공 2학년
음악저널 전국학생음악콩쿠르 작곡 부문 1위
나사렛대학교 주최 CCM CONTEST 대상 수상(창작곡: It's just Amazing Grace)
동수감리교회 중고등부 찬양대 지휘
부평구립소년소녀합창단 전임 작곡가

참 아름다워라
이곡은 찬송가 '참 아름다워라'의 편곡입니다. 북유럽 전도 여행 때 주님께서 지으신 아름다운 자연을 묵상했던 기억과 그 은혜를 떠올리며 만들었습니다.
기존 가사에서 정적인 새로운 선율을 덧붙인것과 보다 세련된 화성진행, 그리고 피아노 반주에 독주악기를 더함으로 음악적인 풍부함을 더한것이 이곡의 특징입니다.

박 문 희
단국대학교 작곡과 졸업
제 1회 한국합창성가 작곡콩쿨 우수상
용인시 시민애창곡 창작가요제 대상
대한예수교 장로회 총회 교육개발원 소속 작곡가
파주 통일동산 장로교회 반주자

사랑하는 자들아
'하나님 사랑'은 반드시 '사람 사랑'으로 귀결되어야 한다.
우리가 사랑을 나누는 그곳에 바로 하나님이 계심을 선율의 흐름을 따라 온화하고 풍성한 느낌으로 노래하기 바란다.

이 현 철
조지아주립대학교 (Georgia State Univ.) 작곡과 졸업
웨스트민스터합창대학 (Westminster Choir College) 대학원 졸업 (작곡전공)
미국 합창연합회 (ACDA) 회원
미국 작곡가 협회 (ASCAP) 회원
현) 한국합창지휘자 아카데미 '성가작곡 클래스' 지도
　　월드비전 선명회어린이합창단 상임작곡가
　　의정부시립합창단 전임작곡가
　　중앙대학교, 한세대학교 출강

Give Thanks
미국의 경배와 찬양 그룹인 Hosanna Integrity에서 나온 Henry Smith의 곡 'Give Thanks'는 '거룩하신 하나님'으로 우리에게 잘 알려진 복음성가입니다. 우리의 약함과 가난함으로 인해 더욱 힘주시고 능력주시는 주님께 감사드리는 찬양으로, 시편 62편 말씀 '내 영혼 잠잠히 하나님만 바람이여 나의 구원이 그에게서 나오는도다'와 함께 감사와 감격으로 드릴 수 있도록 만든 곡입니다.

김 아 름
국민대학교 음악대학 작곡과 수석입학, 졸업
09년 제32회 창악회 콩쿨 입선
람원교회 시온 찬양대 지휘
예수나의기쁨 10집 <주는 나의 방패>,<구주를 생각만 해도> 수록
현) 이화여자대학교 일반대학원 합창지휘전공
　　람원교회 할렐루야 찬양대 편곡자

물 위에 생명줄 던지어라

이 곡은 하나님을 믿지 않는 사람들을 향한 안타까운 마음을 가지고 작곡하였다. 가사는 찬송가 '물위에 생명줄 던지어라'를 바탕으로 하였다. 믿음이 없는 영혼들은 먼저 된 우리가 복음을 전하지 않음으로 인해 물에 빠져서 죽어가고 있다. 믿음이 없는 가족, 형제, 친구, 이웃들을 향한 간절한 마음이 다시 생기길 소망하고 생명줄을 던지는 그리스도인들이 되길 소망한다.
가사에 내용에 따른 템포에 변화에 주의해서 연주해야한다.

박 수 경
이화여자대학교 음악대학 작곡과 졸업
인천순복음교회 반주자 및 오케스트라 전임 편곡자
금천필하모닉오케스트라, 코리안 팝스 오케스트라,
예당TV오케스트라등 다수 편곡
부천영상제대상, 국제판타스틱영화제 단편경쟁부분 출품작
'네가 나에게 피었다'
영화 음악작곡 및 감독
여성과 어린이를 위한 합창곡집 7,8,10,11,13,15집 출품
현) 성가작곡클래스 1기

예수 주 예수

나의 길과 진리 되시고 소망 되신 주의 십자가 사랑, 그 부활의 기쁨을 재밌는 스윙 리듬에 접목시켜 큰 기쁨을 표현하고자 하였습니다.

최 가 희
한국예술종합학교 전통예술원 음악과 졸업
03 대학로 대학문화축제 참가작 '젊은 어멍 먹은 늙은 딸년얘기' 음악 작곡
05 장애여성 공감 주최 뮤지컬 '너 지금 어디야, 무슨 춤을 추고 싶니?' 음악 작곡
06 춘천인형극제 참가작 인형극 '넙떠구리 콩쥐의 노래' 음악 작곡
08 아동극 '이히히오호호우하하' 음악 작곡
현) 안디옥교회 갈보리 찬양대 지휘자
    성가작곡클래스 2기

이 눈에 아무증거 아니뵈어도

찬송가 '이 눈에 아무증거 아니뵈어도'를 가사 그대로 걸어가는 느낌을 생각하며 리드미컬하게 편곡했다. 원곡 멜로디를 싱코페이션 리듬을 사용해 변형했고, 후렴 부분의 구조에 변화를 주고 살을 붙여 더욱 역동적인 찬양으로 만들어보고자 했다. 리듬을 먼저 익힌 후 연습을 하면 쉽게 연주 할 수 있을 것이다.

장 정 아
장로회신학대학교 교회음악학과 작곡전공 졸업
동부교회 임마누엘 찬양대 지휘
현) 동부교회 갈릴리 어린이 찬양대 지휘
　　극동방송 윤학원 코랄 단원
　　성가작곡클래스 1기

칸타테 도미노
주님을 노래하라는 뜻으로 내 인생의 주인되시고 나를 선하게 인도하시는 주님을 찬양하고자 하는 마음을 담아 작곡되었으며 주님을 사랑해 라는 가사로 주님께 사랑 고백하는 아름다운 곡이다.

안 효 영
한국예술종합학교 예비학교, 예술사, 전문사 졸업
전>코리아 브라스 콰이어(리더 안희찬) 전임 편곡자
현>서울레이디스싱어즈 전임 작곡가
　　인천시립합창단 위촉 작곡가
　　대표성가작품- 주와 함께, 찬양해 소리쳐!

사 랑 해
인생의 어느 시점엔가 우리가 서로 사랑하기 위해 태어난 존재임을 깨달은 적이 있었습니다.
살다보면 정작 정말 중요한 것을 놓치기가 쉬운데 그러한 때에 기억나는 찬양이 되길 소망합니다.
서두르지 않고 표기된 템포를 지키며 연주하는 것이 리듬을 잘 살릴 수 있는 방법입니다.

조 라 미
Colorado State University 음악치료 석사과정 재학 중
중앙대학교 음악대학 작곡과 졸업
예수 나의 기쁨 출품 다수
한국 어린이 컨벤션 작품집 출품 다수
월드비전 세계 어린이 합창제 출품 및 연주
서울 레이디스 싱어즈 단원 역임

오 신실하신 주
평소 가장 좋아하는 찬송가인 '오 신실하신 주'를 편곡해 보았다. 유학생활을 하며 내가 만나게

된 좋은 사람들과 환경 등… 이 모든 것이 결코 우연이 아닌 신실하신 하나님의 계획임을 깨달았다. 언제 어디서나 신실하게 나를 이끄시는 하나님을 이 곡을 통해 찬양한다.

윤 초 롱
덕원예술고등학교 졸업
성신여자대학교 작곡과 졸업
현) 평화성결교회 샬롬찬양대 반주자
성가작곡클래스 2기

그 크신 하나님의 사랑

찬송가(304장) '그 크신 하나님의 사랑'을 편곡한 곡이다. 독생자 아들을 내어주시기까지 우리를 사랑하신 하나님의 사랑을 이 세상 그 어떤 사랑과 비교할 수 있을까. 그 사랑에 감사함으로 찬양하고, 듣는 성도들 또한 감격의 고백이 되길 소망한다.(flute이 없다면 flute의 선율을 피아노로 대체하여 연주해도 좋을 것이다.)

박지훈B
숙명여대 작곡과 졸업
숙명여대 교육대학원 졸업
예수나의기쁨 6,7,9,10집 출품
한국 어린이 합창 컨벤션 6,7,8회 참여

성령이여 강림하사

이 곡은 사도행전 2장의 오순절 성령 강림 사건을 토대로 곡을 만들었다.
오순절 성령 강림은 예수의 몸된 교회가 설립된 역사적인 날이며, 이후로 예수를 믿는 자에게 성령의 충만한 은혜가 부어질 것을 명시하는 사건이라는 중대한 의미를 갖는다. 오늘날 예수를 믿는 우리에게도 성령님의 큰 은혜와 능력이 있기를 소망하는 마음으로 불렀으면 한다.

예수 나의 소망(1)

2010년 7월 24일 초판발행
2010년 8월 15일 재판발행

편집인 / 윤학원
디자인 / 윤학원
발행인 / 이명원

발행처 / 코러스센터
등록번호 / 제 11-231호

서울시 강서구 우장산동 651-11
(코러스센터 201호)
Tel : 3665-0061 • Fax : 3665-0062

정가 9,500원

http://www.choruscenter.co.kr
E-mail : choruscenter@nate.com

ISBN 978-89-90916-55-6

인쇄 / 보이스사

ⓒ 판권 발행인 소유

※ 이 책은 일부분이라도 발행인의 허락 없이는
무단복제 할 수 없습니다.

한국합창아카데미
성가작곡클래스

제3기 수강생모집

세계적인 성가 작곡가로 떠오른 우효원, 오병희, 이현철 교수의
심도있는 지도로 양성할 성가 작곡자 수강생 10명을 모집합니다.
토요일 오전10시-오후1시까지 3시간동안 10명의 수강생이
작곡실기를 그룹지도 받는 프로그램으로,
3개월 동안 집중적인 작곡지도를 하여 완성된 좋은 작품들은
코러스센터의 작품집에 출판될 것입니다.

수강 및 등록

- 수강신청기간 : 2010년 5월 31일(월) ~ 2010년 8월 14일(토)
- 접 수 방 법 : www.choruscenter.co.kr(교육사업 아카데미) 수강신청서
  Fax로 신청시 전단 뒷면에 기입   Fax:02)3665-0062
- 자   격 : 음대 작곡과 출신이나 이에 해당하는 실력을 가진 자
- 선 발 방 법 : 신청자 인원 초과시 서류 전형하여 10명 선발
- 전 화 인 터 뷰 : 2010년 8월 16일(월) ~ 8월 21일(토)
- 합격자 발표 : 개별통지
- 합격자 등록 : 2010년 8월 21일(토)~8월 27일(금)
- 개 강 예 배 : 2010년 8월 28일(토) 오전 10시 코러스센터 모짜르트홀
- 수 업 시 작 : 2010년 9월 4일(토) 오전 10시(3시간 수업) 12주
- 문 의 전 화 : 02)3665-0061

지도 교수

우효원 교수   오병희 교수   이현철 교수

수강신청 : 코러스센터홈페이지 www.choruscenter.co.kr
문 의 처 : 02-3665-0061

Chorus Center

코러스센터 에서는
새로운 곡의 세계로 여러분을 초대합니다

예수 나의 기쁨 11권

한국최고의 성가작품들이 수록된 예수나의기쁨 11집은 악보를 발간하기전에 연주해보고 효과적인 작품들을 수록한 은혜로운 찬양의 결정판입니다.
전 곡이 2개의 CD로 만들어져 있습니다.

예수 나의 소망 1권

작곡클래스를 통하여 성가작품의 진수를 다듬고 다듬어서 쉽고 아름답게, 그리고 젊은이들이 좋아할 작품들로 꾸며져 있습니다.
전 곡이 1개의 CD로 만들어져 있습니다.

부활절 칸타타
그 놀라운 사랑이야기
(이윤지 작곡)

예수나의기쁨에서 좋은 작품으로 이미 잘 알려진 이윤지 작곡가가 2010년 부활절에 발표하여 좋은 평을 받은 작품입니다.
전 곡이 DVD로 만들어져 있습니다.

한국적 메시아
(조성은 작곡)

헨델작곡 "메시아"의 가사를 그대로 쓰고 곡은 한국적이며 현대적인 것으로 작곡하였습니다. 깊은 신앙가운데서 작곡한 조성은 작곡가는 기도하면서 3개월동안 이 곡을 완성하였습니다.
전 곡이 1개의 CD로 만들어져 있습니다.

한국합창아카데미

한국합창지휘자 아카데미

제18기 수강생모집

소수정예의 진정한 교회음악지도자를 양성하는 한국합창지휘자 아카데미는 실기 위주의 수업을 하고 있으며 제18기생을 다음과 같이 모집합니다.

수강 및 등록

- 수강신청기간 : 2010년 5월 31일(월) ~ 2010년 8월 14일(토)
- 접 수 방 법 : www.choruscenter.co.kr(교육사업 아카데미) 수강신청서 Fax로 신청시 전단 뒷면에 기입 Fax: 02)3665-0062
- 자   격 : 성가대 또는 어린이 합창단 지휘자 및 지휘를 시작하고자 하는 사람
- 선 발 방 법 : 신청자 인원 초과시 서류전형하여 16명 선발
- 전화인터뷰 : 2010년 8월 16일(월) ~ 8월 21일(토)
- 합격자 발표 : 개별통지
- 합격자 등록 : 2010년 8월 21일(토)~8월 25일(수)
- 개 강 예 배 : 2010년 8월 25일(수) 오후 6시 코러스센터 모짜르트홀
- 수 업 시 작 : 2010년 9월 1일(수) 오후6시~10시(4시간 수업) 12주
- 문 의 전 화 : 02)3665-0061

지도교수

윤학원 교수

최훈차 교수

윤의중 교수

수강신청 : 코러스센터홈페이지 www.choruscenter.co.kr
문 의 처 : 02-3665-0061